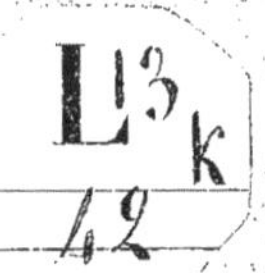

LETTRE

DE

MM. LES ADMINISTRATEURS

DE LA

COMPAGNIE DE LA NOUVELLE-CALÉDONIE

A SON EXCELLENCE

LE MINISTRE DE LA MARINE

ET DES COLONIES

LE MINISTRE DE LA MARINE ET DES COLONIES

Monsieur le Ministre,

Nous sommes Administrateurs d'une société qui vient de se former à Paris, sous la dénomination de *Compagnie de la Nouvelle-Calédonie*. Nous nous proposons d'établir dans notre Colonie Océanienne différentes opérations agricoles, financières et maritimes.

Aussi, Votre Excellence comprendra l'intérêt considérable que nous attachons aux réformes annoncées par Elle au Corps législatif.

La Nouvelle-Calédonie semble avoir franchi les premiers pas toujours difficiles de la colonisation. Elle entre maintenant dans une nouvelle période : celle du développement et de la production.

Nous avons pensé, Monsieur le Ministre, que, dans ces circonstances, il ne serait pas sans utilité de soumettre à Votre Excellence quelques observations sur le régime actuel de cette colonie et sur les modifications qui pourraient y être apportées, au grand avantage de tous.

Permettez-nous, Monsieur le Ministre, de vous faire cet exposé.

Monsieur le Ministre,

Les études que nous avons faites sur la Nouvelle-Calédonie en vue des opérations que nous désirons y entreprendre, ne se sont pas bornées à l'examen de la situation géographique et des conditions physiques du pays.

Nous avons été naturellement amenés à rechercher les causes de la lenteur et de la faiblesse de la colonisation, lorsqu'à 300 lieues de là nous voyions grandir avec une rapidité prodigieuse l'Australie et la Nouvelle-Zélande.

Était-ce véritablement que la race Anglo-Saxonne eût des aptitudes spéciales faisant défaut aux Français ? ou bien nos compatriotes, tout en possédant les mêmes qualités que les Anglais pour la colonisation, oubliaient-ils leurs possessions d'outre-mer et refusaient-ils de s'y rendre ?

Telles ont été les deux premières questions qui se sont présentées à notre esprit.

Heureusement, il nous a été facile de les résoudre négativement.

Sans parler de nos anciens établissements du Canada, de l'Inde et de nos possessions actuelles des Antilles et de la Réunion, nous voyons des Français dans toutes les colonies étrangères : à l'île Maurice, à Cuba, à Porto-Rico, en Californie, en Australie et surtout dans la République Argentine. Ils se fixent et très-souvent ils prospèrent partout où ils trouvent un régime à leur convenance.

Quant à la Nouvelle-Calédonie, elle n'a jamais été oubliée. Nous en donnerons comme preuve l'installation, au lendemain de la prise de possession, de MM. Bérard, Majastre, Vial-d'Aram, puis de MM. Joubert et des Missionnaires; et, enfin, le voyage de M. Louis de Tourris et de ses compatriotes, en 1864.

Si toutes ces tentatives n'ont amené que de faibles résultats, nous avons été obligés de le reconnaître : c'est que l'immigrant ne rencontre pas en Nouvelle-Calédonie tout ce qui pourrait l'y retenir.

L'homme qui s'expatrie, qui renonce aux relations de famille et d'amitié, aux plaisirs des villes, est habituellement un homme d'initiative et d'énergie. Il lui faut plus de liberté et plus d'espace qu'à un autre.

En Nouvelle-Calédonie, au contraire, il se trouve soumis à des règlements plus sévères qu'en France et qui datent de 1828 et de 1833. L'organisation du pouvoir y est basée sur des ordonnances fort anciennes qui ont eu, sans doute, leur raison d'être, mais dont l'esprit n'est plus d'accord avec les besoins actuels. Nous citerons, par exemple, l'art. 6 de l'ordonnance du 28 avril 1843 encore en vigueur, qui donne au Gouverneur « la faculté « *de mettre* les habitants non fonctionnaires *qui tiendraient une* « *conduite contraire au bon ordre, en surveillance dans une localité* « *déterminée, ou même de les expulser de la colonie.* »

Les questions qui en France sont réglées par des lois, le sont en Nouvelle-Calédonie par de simples arrêtés. Ainsi, l'art. 19 de l'ordonnance du 22 août 1833 range le budget et les contributions parmi « *les matières sur lesquelles le Gouverneur doit prendre* « *l'avis du conseil, mais sans qu'il soit tenu de s'y conformer.* »

Il n'y a jusqu'à présent en Nouvelle-Calédonie ni douane ni octroi ; mais d'après les ordonnances qui fixent les pouvoirs du Gouverneur, celui-ci peut, du jour au lendemain, les établir et en fixer l'importance par un simple arrêté.

Les deux choses essentielles dans une colonie, la terre et l'eau dépendent uniquement du Gouverneur.

L'arrêté du 5 octobre 1862 déclare « qu'il est fait réserve au
« profit du domaine colonial des mines et houillères, eaux mi-
« nérales, lacs, étangs, cours d'eau, sources et marais de toute
« espèce qui se trouveraient dans les terrains aliénés sous quelque
« forme que ce soit. »

En sorte que personne ne peut utiliser les eaux qu'il possède,
avec la certitude de n'en être pas privé dans un moment donné.
Comment irriguer, comment desservir des usines, comment établir des forces hydrauliques, si, tout d'un coup, le domaine peut
retirer l'usage de cette eau sans indemnité, sans avis préalable ?

Les innombrables cours d'eau de la Nouvelle-Calédonie qui
devraient être la richesse des propriétaires, ne sont plus pour
eux qu'un danger, s'ils n'en jouissent que par tolérance, et si la
plus petite source constitue une propriété domaniale ; par con-
séquent, une enclave qui donne au public le droit d'y arriver en
traversant le reste de la propriété.

On dira sans doute : « Que le domaine n'a aucun intérêt à
« enlever les eaux qui sont utiles, qu'il ne le fera pas ; qu'il ne
« l'a jamais fait. »

Mais à cela nous répondrons : Celui qui quitte son pays, qui
fait 4000 lieues pour aller s'établir avec sa famille dans une
colonie nouvelle, doit pouvoir compter sur un droit et non sur
une tolérance. Et ceux qui provoquent son départ désirent n'a-
voir rien à dissimuler lorsqu'ils ont à l'éclairer sur les avantages
et les charges de la propriété qu'il va acquérir.

D'ailleurs si le domaine n'a pas l'intention d'user de cette
faculté, pourquoi la laisserait-il subsister ? Il est évident que la
possibilité d'expropriation, sans indemnité, des eaux qui coulent
sur une propriété, enlève à cette propriété une grande partie de
sa valeur. Et comme actuellement les terres à vendre appartien-
nent à l'État, il s'ensuit que la réserve, dont il ne profitera peut
être jamais, déprécie d'une façon notable son propre domaine.
Évidemment il aurait plus d'avantage à supprimer cette charge
qui pèse sur toute la colonie et à payer une indemnité, si jamais
sur un certain point, il avait besoin d'exproprier des eaux.

Une autre réserve non moins préjudiciable au domaine et aux

particuliers est imposée par l'art. 14 de l'arrêté du 5 octobre 1862 ainsi conçu :

« Pendant cinq ans à partir de l'aliénation par le domaine, les « propriétaires des terrains ruraux seront tenus d'abandonner à « l'État les terrains nécessaires à l'ouverture des routes, chemins, « canaux et aqueducs.

« Le service des ponts et chaussées pourra extraire pendant le « même temps, desdits terrains, les matériaux nécessaires à la « construction et à l'entretien des routes.

« Donneront seuls droit à indemnité les terrains cultivés et « améliorés et les carrières déjà ouvertes. »

Ces mesures pouvaient être sans inconvénient au lendemain de l'occupation ; mais il est temps qu'elles soient supprimées. On ne peut se dissimuler qu'elles enlèvent aux terres de l'État comme aux propriétés particulières, une partie de leur valeur et qu'elles inquiètent, parfois même qu'elles arrêtent les colons dans leurs projets.

C'est encore un arrêté (celui du 22 janvier 1868) qui a décidé qu'en Nouvelle-Calédonie il y avait deux natures de propriétés : Celle du droit commun appartenant aux Européens, et celle des indigènes : « Celle-ci incommutable, susceptible d'aucune pro- « priété privée, dont nul ne disposera en faveur de qui que ce « soit, qui ne pourra être grevée du fait de l'homme, d'aucune « servitude ou service foncier, d'aucun droit d'habitation, d'usage « ou d'usufruit, d'aucun privilége, hypothèque ou antichrèse.

« Insaisissable pour dettes contractées soit antérieurement soit « postérieurement au présent arrêté.

« Ne pouvant faire l'objet d'aucun contrat de location ou autre « pouvant en transporter, même à temps, la simple location à un « tiers quelconque. »

L'arrêté ci-dessus ne dit pas où se trouve cette propriété ; il n'en fixe ni l'étendue ni la situation, comme on l'avait fait en Algérie pour les zones militaires. En sorte qu'on a vu des immigrants parcourir le pays, lequel a 80 lieues de long, faire choix d'un emplacement et recevoir cette réponse lorsqu'ils demandaient à l'acheter :

« L'emplacement que vous demandez est réservé. »

Le rapport du secrétaire colonial qui précède l'arrêté du 22 janvier 1868 s'exprime ainsi :

« 4 concessions ont été refusées en conseil, pour ne pas dépla-
« cer les indigènes. »

« Plusieurs autres ont été refusées alors que les demandes
« étaient encore verbales. »

« Dans le même ordre d'idées ont été réservés TACITEMENT
« 1 terrain à Tougouin, 1 à Païta, etc., etc. »

Ces réserves tacites ont découragé bien du monde. Beaucoup sont partis, après avoir épuisé ainsi toutes leurs ressources, qui seraient aujourd'hui des colons dans l'aisance si les règlements sur la propriété eussent été différents.

Hâtons-nous d'ajouter que le Secrétaire colonial, dans son rapport du 22 janv. 1868, reconnaît que « de telles restrictions « devront disparaître le plus tôt possible. »

Nous sommes convaincus, Monsieur le Ministre, que vous signaler les graves inconvénients de cet état de choses, c'est en assurer le changement. C'est pour cela que nous saisissons, pour le faire, le moment où, dans votre sollicitude bien connue pour les intérêts qui vous sont confiés, Vous vous occupez d'apporter d'équitables réformes dans la constitution des colonies françaises.

Nous n'ignorons pas qu'auprès du Gouverneur il y a un Conseil d'administration ; mais ce Conseil, sur les graves questions que nous venons de signaler, n'est que consultatif.

L'art. 162 de l'ordonnance sur le Conseil (sect. 3, chap. 3) dit que « sur ces matières les pouvoirs du Gouverneur ne sont exer-
« cés qu'après avoir pris l'avis du Conseil, *mais sans qu'il soit tenu*
« *de s'y conformer.* »

Sept personnes font partie du Conseil : le Gouverneur, quatre fonctionnaires et deux habitants *nommés par le Gouverneur, pour deux ans.*

Mais « l'officier commandant les troupes, les chefs des services
« de la marine, des ponts et chaussées, de l'artillerie, du génie,
« de santé, de la transportation et le trésorier sont appelés de
« droit au Conseil, *avec voix délibérative*, lorsqu'il s'y traite des
« matières de leurs attributions » (art. 2, § 3, du décret du 18
« mars 1868).

Enfin le serment prêté par chaque membre montre le caractère tout privé de ce Conseil; l'art. 148 (chap. 2, tit. V) dit en effet : « Les membres du Conseil prêtent, entre les mains du Gouver- « neur, le serment dont la formule suit : *Je jure de garder reli-* « *gieusement le secret des délibérations du Conseil.* »

Le moment n'est-il pas venu de réviser des règles aussi anciennes et de donner aux habitants de cette terre française des institutions plus en rapport avec celles de la mère-patrie?

Nous prenons la liberté de soumettre respectueusement cette question à Votre Excellence.

Vous comprendrez, Monsieur le Ministre, que si nous entreprenons de grands travaux dans cette colonie, si nous y transportons des capitaux européens, si nous provoquons une émigration de ce côté, nous avons besoin d'y trouver les garanties accordées à tous dans la métropole.

Cette nécessité de réformes libérales nous apparaît plus urgente encore, lorsque nous jetons un regard sur l'Australie et la Nouvelle-Zélande, nos puissantes voisines. Là, toutes les garanties sont données aux citoyens. Les lois sont faites dans le pays par des Chambres librement élues. La presse donne aux actes du pouvoir la plus grande publicité. C'est le pays qui fait lui-même ses propres affaires. Aussi, quelle force! quelle vie! quelle richesse!

On chercherait en vain d'autres causes à l'immense prospérité de ces deux colonies, aussi bien qu'à l'état d'infériorité de la nôtre pour qui, cependant, la nature a tant fait. N'oublions pas qu'elle est à elle seule quatre fois plus grande que la Réunion, la Martinique et la Guadeloupe ensemble ; qu'elle est à la porte de marchés d'une consommation immense ; que ses produits naturels sont précisément ceux qui manquent à ces marchés; et, qu'en outre, elle y trouvera des hommes et des capitaux le jour où elle leur offrira la même sécurité que chez eux.

Reconnaître et signaler les causes du mal, c'est, il nous semble, montrer d'une façon certaine quels doivent être les remèdes.

Permettez-nous, Monsieur le Ministre, d'énumérer ici les réformes qui nous paraissent les plus utiles, et dont l'heureux effet se produira immédiatement, si vous voulez bien en ordonner l'exécution.

Vous remarquerez que nous demandons bien peu. Nous n'avons pas perdu de vue le petit nombre de colons européens. Aussi, l'organisation que nous indiquons a le double avantage d'être en rapport avec la situation présente et de donner toutes les garanties désirables à l'avenir de la colonie.

Réformes sur lesquelles nous appelons l'attention de Son Excellence le Ministre des colonies.

1° Gouvernement civil.

2° Création d'un Conseil composé en partie de fonctionnaires, en partie d'habitants élus par le suffrage de leurs concitoyens.

3° Donner à ce conseil des attributions analogues à celles des conseils généraux de la Réunion, la Martinique et la Guadeloupe.

4° Qu'un procès-verbal des séances indiquant les noms de ceux qui parlent soit imprimé dans le *Moniteur de la Nouvelle-Calédonie.*

5° Que l'on promulgue la loi de France sur les eaux.

6° Qu'il n'y ait qu'une seule nature de propriété, et qu'elle soit placée dans les conditions où elle existe en France.

MONSIEUR LE MINISTRE,

Nos colonies réclament depuis longtemps des gouvernements civils.

1° Gouvernement civil.

Il serait inutile de répéter ici toutes les raisons qu'elles ont fait valoir.

Nous dirons seulement que dans un pays où l'on s'occupe uniquement d'agriculture et de commerce, le chef du pouvoir doit n'avoir pas d'autres soins que ces deux intérêts.

Nous ne trouvons plus aujourd'hui, pour le maintien d'un

gouvernement militaire en Nouvelle-Calédonie, les motifs qui ont existé autrefois ni ceux qui existent ailleurs.

La Nouvelle-Calédonie n'a pas de voisins comme l'Algérie, le Sénégal et la Cochinchine.

La population européenne y est étrangère aux émotions de la politique.

Les indigènes y sont si peu nombreux (à peine un par 100 hectares), si divisés, si clair-semés, si mal organisés, qu'ils n'offrent aucun danger sérieux. Sans armes, hostiles entre eux, ne parlant pas le même langage, la plus grande difficulté qu'on ait rencontrée lorsqu'on a voulu sévir contre eux, a été de les voir.

Dans les bulletins officiels nous lisons toujours qu'ils ont fui, qu'ils ont disparu, qu'on a brûlé leurs cases et leurs plantations; mais de résistance il n'en est jamais question. Quelques petits postes militaires suffisent au maintien de notre domination. La période de conquête est terminée. L'arrivée de nombreux colons, la culture des terres, le percement de quelques routes augmenteront bien plus notre sécurité qu'un gouvernement militaire. C'est par le mélange des colons avec les indigènes, par l'échange de nos produits avec les leurs, par une juste rémunération de leurs travaux, par l'exemple de cultures perfectionnées, bien plus que par la crainte de nos armes, que nous les forcerons désormais à reconnaître notre supériorité et à s'attacher à nous.

Les colonies voisines que nous ne pouvons nous empêcher de citer encore, attachent une grande importance à avoir chez elles des Gouverneurs civils. Nous ne devons pas compter sur leur concours, qui nous serait cependant bien utile, tant que nous serons soumis à un régime militaire.

Les établissements pénitentiaires fixés sur quelques points déterminés de la grande île, impliquent-ils la nécessité d'un gouvernement militaire pour toute la colonie?

Nous ne le pensons pas.

L'Administration elle-même semble être de notre avis, car elle n'a pas hésité à choisir, pour chefs et pour surveillants de la transportation, des fonctionnaires civils.

Les condamnés sont divisés en plusieurs classes.

Les uns sont renfermés dans l'île Nou, d'autres sont employés isolément chez des particuliers.

Une troisième classe forme la colonie agricole de Bouraï.

D'autres, enfin, sont occupés, par petits groupes mobiles, aux travaux publics sous la conduite des agents des ponts et chaussées.

Quant aux incorrigibles établis à Kanala, il est permis d'espérer qu'avant longtemps on comprendra l'avantage, pour tout le monde, de les installer dans l'île Lifou, à Chépénéhé où déjà l'on a formé un centre pénitentiaire.

Grâce à cette division des transportés et au régime de douceur dont la plupart d'entre eux jouissent dans la colonie, l'Administration sait parfaitement qu'elle n'a rien à redouter d'eux.

Au point de vue de la dépense, la nomination d'un gouverneur civil n'entraînerait aucune charge nouvelle.

Il y a déjà en Nouvelle-Calédonie un lieutenant-colonel. C'est lui qui remplace actuellement le gouverneur pendant son absence. Son grade est assez élevé pour qu'il puisse avoir le commandement de toutes les troupes et la responsabilité des actes militaires.

Il ne s'agit donc pas de créer un poste nouveau. Ce que nous demandons, c'est que le commandement militaire et le gouvernement civil ne soient pas réunis dans la même main ; que toutes les forces militaires soient placées sous les ordres du lieutenant-colonel ; et que les colons civils n'aient affaire qu'à un gouvernement civil.

S'il n'y a à redouter ni guerre extérieure, ni révolte intérieure, si au contraire la meilleure garantie de la paix et de la sécurité se trouve dans l'augmentation de la population civile, et s'il n'est besoin d'aucune dépense nouvelle, nous espérons que Votre Excellence n'hésitera pas à prendre une mesure si ardemment désirée.

Nous ne saurions trop insister sur ce point, Monsieur le Ministre, car nous y attachons une grande importance. Ce n'est pas que nous ayons oublié les qualités remarquables dont certains officiers ont fait preuve comme gouverneurs ; mais il est incontestable que, à tort ou à raison, un chef civil est préféré par ceux qui s'occupent uniquement de commerce, d'agriculture et d'industrie. Or, ceux-là seuls peuvent aujourd'hui apporter la vie et créer la richesse en Nouvelle-Calédonie.

Les habitants européens sont encore si peu nombreux qu'on a pu, jusqu'à présent, en tenir peu de compte.

Mais il nous paraît démontré que, si on donne aux colons quelques-unes des garanties dont nous jouissons en France, leur nombre augmentera rapidement. De nombreuses correspondances venues de plusieurs pays ne nous laissent aucun doute à ce sujet.

La première de ces garanties est le gouvernement civil.

2° Conseil colonial. La seconde est la création d'un conseil chargé de voter le budget et les impôts.

Prenant en considération le petit nombre actuel des colons, nous ne demandons pas que ce Conseil soit composé en totalité de Membres élus. Pour l'instant, nous voudrions seulement voir établir un cadre qui pût s'élargir naturellement, au fur et à mesure du développement de la population.

En France et dans nos autres colonies, ceux qui payent les impôts sont chargés d'en déterminer l'importance. Il est juste qu'en Nouvelle-Calédonie , les contribuables aient au moins quelques représentants, pour défendre leurs intérêts dans cette grave question.

Dans de telles conditions, l'introduction à volonté de nouvelles voix délibératives devient impossible. Cela ne peut faire doute pour personne.

3° Publicité des débats. La publicité des débats n'est pas moins indispensable. C'est par là seulement que les électeurs peuvent juger leurs mandataires. C'est aussi la meilleure façon d'intéresser chacun aux affaires générales et de créer un esprit public local qui attache définitivement au pays.

4° Modification du régime des eaux. La promulgation de la loi française sur les eaux nous semble le moyen le plus sûr et le plus juste de dissiper les appréhensions causées par l'arrêté de 1852.

Il ne suffit pas de savoir si les individus établis en Nouvelle-Calédonie ont souffert des effets de cet arrêté; il faut en outre penser à ceux dont les projets de départ ont été arrêtés ou pourraient l'être dans l'avenir, par la crainte naturelle qu'inspirent les réserves que nous avons indiquées.

N'est-il pas convenable aussi de proclamer le droit commun en matière de propriété? Si on craint que les indigènes puissent être dépouillés d'une façon abusive par les Européens, on pourrait leur donner un protecteur, comme on l'a fait dans d'autres colonies pour les gens de travail libre.

Alors le tribunal serait appelé, sur l'avis de ce syndic, à connaître des achats de propriétés entre les indigènes et les Européens; il leur donnerait une sanction légale s'ils étaient équitables, et les empêcherait s'ils étaient injustes.

Le plus sûr moyen d'attirer et de retenir les colons, c'est de rendre facile l'achat des terres et d'entourer de garanties la propriété.

Monsieur le Ministre,

Nous croyons pouvoir affirmer, sans crainte de nous tromper, que le jour où les réformes que nous sollicitons seront accomplies, la Nouvelle-Calédonie verra des hommes et des capitaux en grand nombre arriver d'Australie, de la Réunion, de Maurice et de France.

Alors elle deviendra, en peu d'années, une de nos plus belles colonies. Non-seulement elle cessera d'être une charge pour la métropole; non-seulement elle payera toutes ses dépenses; mais elle fournira à notre commerce, à notre marine, à notre industrie un aliment d'affaires importantes.

Elle offrira un avenir assuré aux nombreux jeunes gens qui trouvent, au sortir des écoles, les voies encombrées, se découragent et perdent, sans profit pour personne, des connaissances réelles et une précieuse énergie.

C'est par ordre de l'Empereur que la Nouvelle-Calédonie est devenue française (1). C'est à la politique libérale et à la bien-

(1) 24 septembre 1853.

veillante protection de son gouvernement qu'elle devra sa prospérité.

La puissance de notre pays s'en accroîtra et là encore on verra ce que peut le génie français lorsqu'il est laissé à lui-même.

Pour vous, Monsieur le Ministre, ce sera un titre de plus à la reconnaissance de vos concitoyens. Vous pouvez être assuré d'avance qu'elle ne vous fera pas défaut.

Notre confiance est entière, Monsieur le Ministre, car nous connaissons l'esprit de justice qui anime Votre Excellence. Nous savons quelle sollicitude Elle a toujours portée aux colonies. Aussi nous espérons qu'Elle voudra bien prendre en considération les vœux que nous venons de formuler, et nous attendons sans crainte les réformes qui ont été promises.

Nous avons l'honneur,

Monsieur le Ministre,

Paris, 28 mars 1870.

100. — Paris. — Imprimerie Gusset et Cⁱᵉ, rue Racine, 26.